mini **BIOGRAFÍAS**

Mozart
El genio de la música

Textos: José Morán
Revisión: Isabel López
Ilustraciones: Carmen Guerra
Diseño y realización: delicado diseño

© SUSAETA EDICIONES, S.A.
C/ Campezo, 13 - 28022 Madrid
Tel.: 91 3009100 - Fax: 91 3009118
www.susaeta.com

Cualquier forma de reproducción o transformación de esta obra sólo puede ser realizada con la autorización del titular del copyright. Diríjase además a CEDRO (Centro Español de Derechos Reprográficos, www.cedro.org) si necesita fotocopiar o escanear algún fragmento de esta obra.

Sumario

Un genio 6
La familia Mozart 8
El niño prodigio 10
Por toda Europa 12
En Italia 14
Retrato 16
Años difíciles 18
Constanza 20
Contrastes 22
El *Réquiem* 24
Ya suena la hora 26
La leyenda 28
Su legado 30
El «Efecto Mozart» 32

Un genio

Wolfgang Amadeus Mozart (1756-1791) es reconocido como uno de los talentos más extraordinarios de la Historia. Algunos opinan que era la encarnación de la música. Mozart, por así decirlo, respiraba música. La llevaba dentro. Compuso centenares de obras maestras.

A muchos les fascina el *rock,* a otros el *rap,* el flamenco, el *jazz* o la música clásica. Y dentro de ésta, unos admiran a Beethoven, otros a Bach o a Vivaldi… pero la música de Mozart le gusta a todo el mundo.

Sus composiciones nunca pasan de moda. Se escuchan en auditorios, en el hogar y en cualquier rincón de cualquier ciudad, interpretada por músicos callejeros. Y sus discos nunca dejan de venderse.

Más de mil películas incluyen melodías de Mozart, entre otras *Batman, Memorias de África, Romeo y Julieta, Misión imposible, Matrimonio de conveniencia, Cumbres borrascosas, El show de Truman, JFK, El festín de Babette, Barry Lyndon, El cazador*…

Pero Mozart no sólo resulta atractivo por sus asombrosas dotes musicales. También su vida fue apasionante. Lee y verás.

La familia Mozart

Juan Crisóstomo Wolfgang Teófilo Amadeo Mozart, al que llamaban familiarmente Wolfgang o Amadeo, **nació en Salzburgo el 27 de enero de 1756.** Su familia era católica de clase media. Tanto el padre como la madre tenían una buena cultura, sobre todo musical, pero **los músicos en el siglo XVIII ganaban muy poco dinero.**

Salzburgo

Actualmente, Salzburgo pertenece a Austria. En aquella época **era un estado independiente con moneda propia,** aunque unido al Sacro Imperio. Estaba gobernada por un príncipe arzobispo. **Tenía sólo 17.000 habitantes** y era un lugar muy pintoresco situado al pie de la montaña, con su río y un precioso castillo.

La madre

La madre de Mozart se llamaba Ana María. Era una **mujer encantadora, guapa, muy simpática,** de la que Wolfgang heredó su carácter sociable, el optimismo y la capacidad de trabajo.

El padre

El padre de Mozart se llamaba Leopoldo. **Era violinista** y compositor. Tenía una buena formación religiosa, filosófica y humanística. Trabajaba como ayudante del director de orquesta de la corte y también daba clases particulares de música.

Fue un buen hombre, pero muy serio y autoritario. Influyó mucho en Wolfgang, para bien y para mal.

Nannerl

Wolfgang era el pequeño de siete **hermanos pero,** como en aquellos tiempos se morían muchos niños, **sólo sobrevivieron su hermana Nannerl y él.** Nannerl era cuatro años mayor que Wolfgang. **De niña demostró ser una excelente concertista,** pero cuando creció abandonó la carrera musical, casi imposible entonces para las mujeres, y se casó con el consejero del príncipe arzobispo de Salzburgo.

SORPRENDENTE

Parece que **Mozart, de niño, aborrecía el sonido de la trompeta y más aún el de la flauta.** Si alguien tocaba en su presencia alguno de estos instrumentos, a veces se desmayaba. Tal era su sensibilidad.
Dijo una vez:
«Sólo hay algo peor que una flauta: ¡dos flautas!».

El niño prodigio

Mozart fue el ejemplo perfecto de niño prodigio. No se conoce un caso parecido. Antes de cumplir cinco años, ya había aprendido a tocar por su cuenta varios instrumentos y había compuesto varias canciones.

¿Qué tocaba?

A los cinco años dominaba el clavecín, el clavicordio, el órgano y el piano. El violín lo aprendió a tocar él solo antes de los siete años. A esa temprana edad ya era capaz de interpretar piezas muy difíciles compuestas por grandes maestros. ¡Y tocaba incluso con los ojos vendados!

Su protector

Su padre, Leopoldo, fue su gran protector. Pensó que las cualidades innatas de Wolfgang eran un don de Dios y se centró en ayudarle. Se convirtió en su profesor, consejero, representante, secretario y enfermero...

Con su hermana

Leopoldo organizó un viaje familiar para que el talento de sus dos hijos fuera conocido en todo el mundo. Nannerl era una magnífica intérprete y las cualidades de Wolfgang sobrepasaban lo imaginable. Su padre quería abrirles las puertas del éxito y, de paso, ganar dinero con ellos.

Un niño normal

Si exceptuamos sus dotes musicales, en todo lo demás **Wolfgang se comportaba como un chico normal.** Era sensible, educado, obediente y mimoso. Eso sí: **nunca gozó de buena salud.**

ANÉCDOTA

Mozart tenía una prodigiosa memoria. Unos días antes del estreno de su ópera *La Flauta Mágica,* la persona que le había encargado la obra sorprendió a Mozart mientras escribía el *Réquiem* y, enfadado, le preguntó dónde estaba su ópera. Mozart se señaló la cabeza y dijo: «Aquí. Lo de escribir la partitura es sólo garabatear papel...».

Por toda Europa

Cuando Wolfgang tenía seis años, la familia Mozart viajó a las principales capitales de Europa para que el niño prodigio y su hermana tocaran. **La gira duró cuatro años y medio y fue un gran éxito musical,** pero no económico.

Múnich y Viena

En Múnich, **en 1762, debutaron en público** en el palacio del príncipe. Enseguida creció la fama de aquellos increíbles niños. En Viena **tocaron en el palacio de los emperadores** Francisco I y María Teresa. A la emperatriz le fascinó tanto aquel niño que lo sentó en su regazo y le dio mil besos.

París y Londres

Triunfar en París en aquello tiempos era triunfar en el mundo. Allí estuvieron cinco meses dando conciertos para la alta sociedad. Incluso **tocaron el órgano ante el rey Luis XV,** que se quedó perplejo. También en Londres tocaron en la corte. Allí, **con ocho años, Wolfgang compuso sus primeras sonatas,** que dedicó a la reina.

SORPRENDENTE

Mozart viajó mucho, no sólo de niño. Según un cálculo de Josef Heinz, de los treinta y cinco años, diez meses y nueve días que vivió Mozart, **pasó diez años, dos meses y ocho días viajando;** es decir, casi la tercera parte de su corta vida.

Países Bajos

En Holanda, **los niños cayeron enfermos de tifus y estuvieron al borde de la muerte.** Cuando se recuperaron, deslumbraron a la concurrencia tocando el órgano más grande y complicado del mundo. Allí compuso Wolfgang Amadeo su primer oratorio. Tenía nueve años. Después de pasar por Bruselas, regresaron a Salzburgo.

13

En Italia

A los trece años, Mozart fue nombrado organista por el príncipe arzobispo de Salzburgo. Gracias a eso, empezó a recibir un pequeño sueldo.
Ese mismo año, viajó con su padre por Italia. Allí **triunfó en todas las ciudades que visitó: Roma, Bolonia, Milán, Florencia, Nápoles y Venecia.**

El Miserere

En Roma escuchó el famoso *Miserere* de la Capilla Sixtina. **Era una pieza secreta y estaba prohibido reproducirla en papel.** Después de oírla, ante la perplejidad de todos, **Mozart escribió sin dificultad el *Miserere* de memoria** y sin cometer errores.

Alumno maestro

En Bolonia **conoció al padre Martini**, que fue su maestro. La Academia de Bolonia era el centro musical más prestigioso del mundo. Wolfgang fue admitido como maestro compositor. Aquello fue extraordinario, ya que **la edad mínima exigida para ingresar era veinte años y Mozart tenía... ¡catorce!**

Primera ópera

Aquel joven seguía asombrando a todos. En Milán, el gobernador le encargó una ópera en tres actos. Y así, cuando todavía no tenía quince años, compuso y estrenó la ópera *Mitrídates, rey del Ponto*, que **fue representada veinte noches consecutivas.**

ANÉCDOTA

Siendo Mozart un adolescente, se le acercó un muchacho de su edad para preguntarle:

—¿Cómo se compone una sinfonía? Wolfgang contestó:

—Hay que estudiar muchos años antes de intentarlo.

—¡Pero tú componías antes de los diez años! —se sorprendió el otro.

—Sí —respondió Wolfgang—, pero yo no tenía que preguntar cómo se compone una sinfonía.

Retrato

Mozart fue un hombre generoso, inteligente, simpático y muy religioso, pero también muy infantil. Casi siempre estaba jugando, **le encantaban los chistes escatológicos** y malgastaba el dinero.

Bajito y nervioso

Medía menos de 1,60 m y era flaco, pálido y de pelo rubio. Como era costumbre entonces, llevaba peluca. **Llamaba la atención su enorme nariz.** Era muy nervioso.

Sus gustos

Le encantaba jugar al billar, montar a caballo y tirar al blanco. Era también muy aficionado al teatro, al baile, a las fiestas de disfraces… y a la bebida.

SORPRENDENTE

«Cuando Wolfgang hace nuevas amistades, enseguida quiere darles su vida y sus bienes», escribió su madre en una ocasión. Y era verdad. Muchos se aprovecharon de su generosidad. Regalaba a sus conocidos partituras de las que ni siquiera guardaba copia, que luego ellos vendían para enriquecerse. En más de una ocasión **regaló conciertos a artistas fracasados para que sacaran algún dinero.**

Derrochador

Como otros artistas, fue un desastre para las cuestiones prácticas de la vida. Los horarios, la cocina y la limpieza no iban con él. **Gastaba más dinero del que ganaba.** Era caprichoso: se mudó a una casa enorme que no necesitaba, se compró un piano último modelo, un carruaje, un caballo y una mesa de billar. Además, le gustaba ir a la moda y tenía un montón de ropa cara. Por eso, **con frecuencia tenía muchas deudas.**

Admiró a...

Entre los músicos, admiró sobre todo a **Händel, Bach y Haydn.** Entre las ciudades, la que más le gustaba era, seguramente, Praga. Y la que menos, París. Y entre los hombres, a pesar de las discusiones, siempre prefirió a su padre.

Años difíciles

A los diecisiete años, **Mozart trabajaba como organista en Salzburgo.** Tenía un modesto sueldo, **pero no se sentía libre** y allí no podía progresar en su carrera. Entonces decidió arriesgarse.

Independiente

Wolfgang le dijo al príncipe arzobispo de Salzburgo que dejaba su trabajo y se marchaba. Mozart se convirtió así en **el primer músico independiente.** Desde entonces trabajó por su cuenta, sin sueldo de ningún protector. Ese camino lo continuaron después Beethoven y otros.

¿Dónde trabajar?

Buscó empleo en Múnich, Viena, Milán, París… pero no lo encontró. Le hacían promesas pero no le daban trabajo estable. Lo mejor de esos años difíciles fue que conoció al compositor Haydn, del que llegó a ser muy buen amigo.

Dos amores

Su primer amor fue su prima María Anna. **La segunda** joven en quien se fijó era de Mannheim. Allí, Mozart dio lecciones de canto y piano a las hijas de un copista de música llamado Weber, y se enamoró de la mayor, que **se llamaba Eloísa,** pero ella **no le correspondió.**

Muere su madre

En 1777, durante uno de los viajes que hizo Mozart a París con su madre, ésta **se puso repentinamente enferma y murió.** Wolfgang escribió a su padre y, aunque no se atrevió a comunicarle el fallecimiento de la buena mujer, Leopoldo intuyó la verdad. Desde entonces París se hizo insoportable para el joven músico y regresó a su tierra.

ANÉCDOTA

—¿A que no eres capaz de tocar esta partitura? —le dijo Mozart a su amigo Haydn en cierta ocasión.
Éste empezó a tocar, pero llegó un momento en que tuvo que detenerse.
—No se puede seguir —dijo—. Para esta nota haría falta tener un dedo más....
Entonces Mozart se sentó al piano y, cuando llegó a aquel pasaje imposible, **bajó la cabeza y utilizó su nariz como dedo.**
Mozart era el primero en reírse de sí mismo.

Constanza

Wolfgang encontró por fin a la mujer de su vida. Como Eloísa, su antiguo amor, se había casado, Mozart empezó a fijarse en su hermana pequeña, Constanza, una chica sencilla y de gran corazón. Comenzaba así una nueva etapa para el compositor.

La boda

El 4 de agosto de 1782, Wolfgang y Constanza se casaron en la iglesia de San Esteban de Viena. **Él tenía veintiséis años y ella dieciocho.**
Mozart no contaba con el consentimiento paterno. Leopoldo era partidario de que antes de casarse encontrara un trabajo fijo.
Tampoco a su hermana Nannerl le gustaba ese matrimonio. Constanza le parecía «poco» para Wolfgang. Desde entonces, ambos hermanos se distanciaron.

Mucho trabajo

Los recién casados se instalaron en **Viena**, que **tenía entonces 80.000 habitantes** y era una ciudad muy interesada por la cultura. En esos años, Mozart intervino en conciertos, impartió clases y escribió numerosas obras.

Cada vez era más admirado... y envidiado. Cuando estrenó la ópera *El rapto en el Serrallo*, **contrataron un grupo de gente para que le abucheara,** pero aun así la obra triunfó.

¿Tuvo hijos?

Tuvieron seis hijos, de los que sólo dos sobrevivieron. A pesar de ello y de las dificultades económicas, formaron un matrimonio feliz.

ANÉCDOTA

Mozart, a pesar de que le atraían sus jóvenes alumnas de piano o las actrices que interpretaban sus óperas, quería mucho a su mujer.
Siempre que iba de viaje llevaba un retrato de Constanza sobre el pecho y le escribía todos los días.
En una de sus largas y cariñosas cartas, le enviaba nada menos que 1.095.060.437.082 besos...

Contrastes

La década de los ochenta fue para Mozart de gran actividad artística. Estaba **en la cumbre del éxito**. Cada nueva obra era una obra maestra. Recibía abundantes encargos, daba conciertos e impartía clases. Sin embargo, **también fueron años dolorosos** por la muerte de su padre, la escasez de dinero y la falta de salud.

Fallece Leopoldo

En 1787 muere su padre en Salzburgo. **Wolfgang se quedó hundido.** A pesar de todo, él y su padre siempre se profesaron un gran amor. Leopoldo había sido su mejor consejero y amigo.

Óperas

En esos años compuso la mayoría de sus óperas más famosas: *Las bodas de Fígaro, Don Juan, La Clemencia de Tito, Cosi fan tutte* y **La Flauta Mágica**.
Esta última, que era su **ópera favorita**, se representó cien veces en un año.

SORPRENDENTE

Mozart siempre tuvo buen humor, incluso en momentos difíciles. Así, cuando **en los inviernos** le faltaba dinero para comprar leña y encender la chimenea, **él y su mujer bailaban un vals para entrar en calor.**

Ruina

En cambio, su situación económica era espantosa. Entre el dinero que derrochaba y el hecho de que le encargaran menos conciertos, la pobreza rondaba su hogar. **Pedía un préstamo tras otro.**

¿Envenenado?

En 1791 se sintió fatal de repente y pensó que le habían envenenado. **Notaba un sabor metálico en el paladar,** como de pequeñas dosis de arsénico y óxido de plomo, el veneno más utilizado entonces.

El Réquiem

La composición de la misa de réquiem (de difuntos) es **uno de los episodios más apasionantes, dramáticos y misteriosos de la vida de Mozart.** Se lo encargó un personaje anónimo. Wolfgang, enfermo, sabía que moriría pronto. Trabajó con toda el alma en esa obra como si fuera para su propio funeral.

Un emisario

Un día de octubre de 1791 **llegó a su casa un hombre vestido de oscuro** que no quiso decir quién era. Encargó a Mozart componer una misa de réquiem en un mes y le adelantó cien ducados, que era una gran cantidad de dinero.

Muy inspirado

Mozart, desde la muerte de su padre, estaba obsesionado con la muerte. Además, le impresionó aquel personaje. Inspirado como nunca, **entró en una especie de delirio creativo.** Se puso a trabajar día y noche hasta que **enfermó.**

La verdad

Más tarde se supo que aquel personaje era un emisario del conde Walsseg, cuya esposa había fallecido. Parece ser que **el conde quería pasar como autor del *Réquiem*.**

¿Acabó el *Réquiem*?

No. En noviembre tuvo que guardar cama. Todos los días dictaba la música a su amigo Süssmayer, pero como se dio cuenta de que moriría antes de acabarlo, le dio a su amigo instrucciones para terminarlo. **Mozart es autor de dos terceras partes del *Réquiem*.**

ANÉCDOTA

El día antes de morir, Mozart quiso cantar parte del *Réquiem* con Süssmayer y otros amigos allí presentes. Al llegar a un pasaje que se llama «Lacrimosa», **Wolfgang se echó a llorar y poco después empezó a delirar.** Ya no recuperó la conciencia.

Ya suena la hora

Al día siguiente, el 5 de diciembre de 1791, **Mozart falleció en su casa de Viena a los 35 años de edad.**
Los acontecimientos que se sucedieron tras su muerte, especialmente su entierro, tienen un carácter novelesco.

Sólo su perro

La mujer y los amigos de Mozart asistieron al funeral en la catedral. Desde allí, la comitiva partía al cementerio, pero un fuerte temporal de viento y nieve impidió seguir a la carroza fúnebre. **Sólo acompañó a Wolfgang su perro**, que junto al sepulturero **fue el único que estuvo en el entierro.**

ANÉCDOTA

La mujer de Mozart, que solía padecer fuertes dolores en las piernas, **pasaba largas temporadas en un balneario**. Durante esas ausencias, Wolfgang le escribía todos los días. Resulta emocionante releer la despedida de la última carta que recibió Constanza de su marido, ya enfermo, que intuía próximo su final. Decía: «Ya suena la hora. ¡Adiós! Volveremos a encontrarnos».

La fosa común

El artista más famoso de su tiempo fue sepultado en una fosa común, donde sólo enterraban a los pobres, criminales y vagabundos. **¿Por qué?** Acaso por las prisas, quizá por las dificultades económicas, o por las nuevas medidas sanitarias… El hecho es que **nunca se ha sabido dónde descansan los restos de Mozart.**

¡Qué pena!

Fue mala suerte que Mozart muriera **en el mejor momento creativo, cuando además se iban a acabar sus problemas de dinero,** pues unos nobles húngaros le habían ofrecido una generosa pensión vitalicia para componer lo que quisiera.

La leyenda

La locura del músico Salieri, un poema dramático, una ópera y una película son los responsables de la increíble leyenda sobre Mozart. **Cuenta esta leyenda que Salieri era enemigo de Mozart y lo envenenó por envidia** y para que Wolfgang no le arrebatara su cargo de músico en la corte.

El rumor

El mismo Mozart llegó a pensar en algún momento que lo habían envenenado. Y así se lo dijo a su mujer y amigos. **Cuando falleció, se propagó el falso rumor.**

Salieri

El rumor creció cuando, treinta años después del fallecimiento de Wolfgang, Salieri, ya anciano, que se había vuelto loco y vivía en un manicomio, **dijo que se sentía culpable de la muerte de Mozart.** Cosa realmente extraña, porque Salieri fue un hombre bondadoso y nunca se llevó mal con Mozart.

La mentira

Las palabras de Salieri inspiraron un poema dramático de Pushkin y una ópera de Rimski-Kórsakov, en los que se basó el director de cine Milos Forman para rodar la magnífica película titulada *Amadeus*. **Sin embargo, las tres obras desfiguran la historia** al insinuar que Salieri asesinó a Mozart.

¿De qué murió?

Mozart murió **de fiebres reumáticas,** que era una enfermedad muy corriente en la Europa del siglo XVIII.

SORPRENDENTE

Cuando se estrenó Amadeus, película en la que Antonio Salieri es caracterizado como un tipo mediocre, envidioso y vengativo, **los habitantes de Legnano**, la pequeña población italiana en donde nació Salieri, **organizaron diversas manifestaciones y protestas por esa injusticia histórica** que podía manchar su memoria para siempre.

Su legado

A pesar de que murió muy joven, **la obra musical de Mozart es inmensa,** tanto en cantidad como en calidad. Su capacidad era prodigiosa.

Trabajó mucho

No hay que pensar que por poseer un talento tan extraordinario no trabajaba demasiado. Con frecuencia **dedicaba hasta dieciocho horas diarias a la música** y siempre componía a toda velocidad.

Su obra

Que se sepa, **compuso al menos 626 obras.** Ludwig von Köchel las catalogó y numeró por orden cronológico en 1832. Entre ellas, encontramos sinfonías, conciertos, óperas, divertimentos y numerosas sonatas, adagios, serenatas, misas, canciones, arias, marchas… **Mozart destacó en todos los géneros,** ya fuera ópera, música sacra, de cámara…

Lo mejor

¿Cuáles son sus mejores obras? Casi todos coinciden en afirmar que **las mejores pertenecen a sus últimos años,** porque cada vez componía mejor y tenía gran fuerza creativa cuando murió.

SORPRENDENTE

Se dice que si **un copista escribiera toda la obra de Mozart, tardaría veinticinco años trabajando unas ocho horas diarias.** Quizá este cálculo resulte exagerado, pero sin duda nos da una idea de cuánto trabajó Mozart, ¡y a qué velocidad...!

El intérprete

Tampoco debe olvidarse que, aparte de compositor, Mozart fue un intérprete extraordinario. Destacó especialmente como pianista, organista, violinista y director de orquesta.

Además de ser capaz de tocar con los ojos tapados, también **resultaba inigualable improvisando** piezas o haciendo variaciones sobre la marcha de obras ya conocidas.

El «Efecto Mozart»

Según algunos científicos, la música de Mozart produce curiosos efectos sobre los que la escuchan. A esto se le ha dado en llamar el «Efecto Mozart». Se cree que **sus composiciones estimulan la inteligencia, aumentan la memoria y provocan euforia en los oyentes.** Incluso se ha llegado a decir que su música favorece el desarrollo cognitivo de los niños que viven aún en el vientre materno, así como el crecimiento de animales y plantas. Lástima que el «Efecto Mozart» sólo dure mientras se escucha su música…

Sea o no cierto el «Efecto Mozart», no cabe duda de que este genial artista ha sabido expresar lo inefable, lo que no se puede decir con palabras.
Acaso la buena música no tenga la capacidad de volvernos más inteligentes, pero sí mejores personas.